Vente du Jeudi 13 Mars 1873

HOTEL DROUOT, SALLE N° 2

APRÈS DÉCÈS DE M. L.

TABLEAUX

ANCIENS

DESSINS, AQUARELLES, PASTELS

EXPOSITION : le Mercredi 12 Mars 1873

Me DELBERGUE-CORMONT	MM. DHIOS ET GEORGE
COMMISSAIRE-PRISEUR	EXPERTS
Rue de Provence, 8.	Rue Le Peletier, 33.

PARIS — 1873

Vᵉˢ RENOU, MAULDE ET COCK

IMPRIMEURS DE LA COMPAGNIE DES COMMISSAIRES-PRISEURS

rue de Rivoli, 144.

CATALOGUE

DE

TABLEAUX ANCIENS

De diverses Écoles

DESSINS, AQUARELLES, PASTELS

DONT LA VENTE AUX ENCHÈRES PUBLIQUES AURA LIEU

APRÈS DÉCÈS DE M. L...

HOTEL DROUOT

SALLE N° 2

Le Jeudi 13 Mars 1873

A DEUX HEURES

M⁰ **DELBERGUE-CORMONT**, Commissaire-Priseur à Paris,
rue de Provence, 8,

Assisté de **MM. DHIOS** et **GEORGE**, Experts, rue Le Peletier, 33.

EXPOSITION PUBLIQUE

LE MERCREDI 12 MARS 1873

PARIS — 1873

CONDITIONS DE LA VENTE

Elle sera faite au comptant.

Les Acquéreurs paieront CINQ POUR CENT, en sus des enchères.

L'Exposition mettant le Public à même de se rendre compte des Objets, il ne sera admis aucune réclamation une fois l'adjudication prononcée.

NOTA. — La collection de Dessins en feuilles et Estampes anciennes sera vendue ultérieurement.

DÉSIGNATION

TABLEAUX

ALLORI (École de)

1 — Judith.

BARTHÉLEMY

2 — Bacchante.

BASSAN

3 — L'Hiver.

BATTONI (Pompéo)

4 — Portrait de femme représentée en Madeleine.

BELLOTTO

5 — Villa italienne.

BIBIENA

6 — Intérieur d'un palais italien, à colonnes.
7 — Le Pendant.

BONINI (Girolamo)

8 — L'Éducation de l'Amour.

BOUCHER

9 — Vénus protégeant Pâris des fureurs de Ménélas.
(Esquisse en grisaille).

BOUCHER

10 — La Nativité (Esquisse en grisaille).

BOURDON (S.)

11 — Son Portrait.

CANALETTO (École de)

12 — Parc avec pièce d'eau.

CARPIONI

13 — Le Massacre des Innocents.

CARRACHE (École de)

14 — Sommeil de Vénus.

CASANOVA

15 — Combat de cavaliers (Très-belle esquisse).
16 — Cavalier (Grisaille).

CHARDIN (Attribué à)

17 — Tête de jeune garçon.

CIGNANI (Carlo)

18 — Le Départ d'Adonis.
19 — Le petit saint Jean.

CRESPI (Daniel)

20 — La Vierge, l'Enfant et deux Saint-Franciscains.
21 — Portrait de femme, costume noir et chaîne d'or.

DYCK (Attribué à Van)

22 — Syrène.

EVERDINGEN

23 — Site de Norwége avec chute d'eau.

FAVRAY (Chevalier)

24 — La Musicienne.
25 — Les Regrets.

FRANCK (Floris)

26 — Les trois Vertus théologales.

GRIMOUX

27 — Portrait de jeune Fille.

GUERCHIN (École de)

28 — Sainte Cécile.

GUIDO-RENI

29 — Allégorie : l'Amour et la Vieillesse.

GUIDO-RENI (École de)

30 — La Madeleine.

LEMOINE

31 — Les Dieux de l'Olympe (Motif de plafond).

MAAS (N.)

32 — Portrait de jeune homme.

MENGS (Raphael)

33 — Portrait de Marie-Thérèse d'Autriche.

MONNOYER (Baptiste)

34 — Bouquet de fleurs.

ORBETTO (Tuschi dit l')

35 — Joseph et Putiphar.

PALME (Le jeune)

36 — Danaé.

PARROCEL

37 — Bataille.

PRUD'HON (École de)

38 — Portrait de la princesse Pauline.

REMBRANDT (École de)

39 — Tête d'homme.

RICCI (M.)

40 — Intérieur d'atelier de peintre.

41 — Atelier de sculpteur.

RICCI (Séb.)

42 — La Résurrection de Lazare.

RIBERA (Attribué à)

43 — Tête d'Homme.

ROSLIN

44 — Portrait d'Homme, époque Louis XVI. Avec enca-
drement à fronton.

ROSA DI NAPOLI

45 — Bestiaux près d'un pont.

ROTTENHAMER

46 — La Danse des Muses.

SEGHERS (Daniel)

47 — Guirlandes de fleurs entourant un médaillon
en grisaille, représentant la Vierge, l'Enfant et
saint Jean.

SOLIMÈNE

48 — Samson et Dalila.

SPADA (Léonello)

49 — Jeune Mendiant.

STORK (A.)

50 — Combat naval.

VALENTIN

51 — Joueur de flûte.

VELDE (Isaïe Van den)

52 — L'Attaque du chariot.

VIGÉE-LEBBUN (Mme)

53 — Portrait de jeune Femme (Esquisse).

ZAFT-LEVEN

54 — Deux Paysages-Marines.

ÉCOLE FRANÇAISE

55 — Portrait d'un Seigneur du temps de Louis XVI.

ECOLE FRANÇAISE

56 — Guirlande de fleurs (Dessus de porte).
57 — Esquisse signée J. L.
58 — Portrait d'homme en habit bleu, époque Louis XVI.
59 — Portrait d'artiste. Peinture ovale.
60 — Portrait d'un peintre (Grisaille).
61 — Vase rocaille et fleurs (Dessus de porte).
62 — Sujet de concours (Épisode de l'Histoire romaine).

ÉCOLE HOLLANDAISE

63 — Intérieur d'un palais, avec figures orientales.
64 — Marine, avec vaisseaux de haut bord.

ÉCOLE FLAMANDE

65 — Groupe de Mendiants au milieu de ruines.
66 — La Fuite en Égypte.

ÉCOLE ITALIENNE

67 — Motif de décoration (Grisaille).
68 — Sujet biblique : Destruction des Idoles.
69 — Tête de Faune.
70 — Vase de fleurs.
71 — Tête de Christ.
72 — Deux Médaillons ronds : Fruits.
73 — Paysage, avec figure d'anachorète.

ÉCOLE ESPAGNOLE

74 — La Vierge et l'Enfant Jésus.

75 — Saint François.

76 — Saint François. Peinture sur ardoise.

ÉCOLE MODERNE

77 — Vue de Suisse. Initiales G. B.

78 — Quatre Panneaux décoratifs : Scènes flamandes.

79 — Trois petits Panneaux : Paysages.

80 — Portrait d'un Seigneur, époque Louis XV.

81 — Tête d'Homme (Étude).

82 — Plateau en tôle, décoré d'un sujet dans le goût de Lancret.

AQUARELLES, DESSINS, PASTELS

83 — BEAUMONT (E. de). Jeune Fille, avec rose dans les cheveux (Pastel).

84 — BOILLY. Deux jeunes Femmes (Étude aux deux crayons).

85 — BOUCHER (École de). Le Message d'Amour (Pastel).

86 — Caresme (Ph). Bacchanales. Deux pendants (aquarelles signées et datées 1774).

87 — Drouais. Portrait de jeune Seigneur (Pastel).

88 — Galbrun. Buste de jeune Fille (Pastel).

89 — Id. Petite fille tenant des fleurs.

90 — Greuze (Attribué à). Jeune Fille avec rubans bleus (Pastel).

91 — Huet (J.-B.). Bergère (Crayons noir et rouge).

92 — Lantara. Marine (Mine de plomb).

93 — Lazerges. Nymphe couchée (Pastel).

94 — Lemoine (Sculpteur). Portrait du président de Montesquieu (Crayon).

95 — Moreau (Attribué à). Paysage avec ruines (Grande gouache ovale).

96 — Peronneau. Portrait de J.-B.-Rousseau (Pastel).

97 — Thiénon (L.). L'Écluse (Aquarelle).

98 — Verdussen. Halte de muletiers (Sanguine).

99 — Vernet (École de). Port de mer (Gouache).

100 — École française. Portrait d'Élisabeth Cheron (Pastel).

101 — Portrait d'homme (buste), époque Louis XVI (Pastel).

102 — Dessins encadrés. Sous ce numéro quinze Dessins encadrés de diverses Écoles.

103 — Un lot de Cadres dorés et autres.

Vve Renou, Maulde et Cock, imprs de la Compagnie des Commissaires-Priseurs, rue de Rivoli. 144. 29961